*Un merci très tendre à mister « Under The Street »
et à Pierre-Henri Julien*

olivia DECORTE

LE RUGBY

c'est facile

LA JOIE DE LIRE

Le rugby, c'est facile

il faut bien attacher son short et son maillot

se protéger les dents et la tête

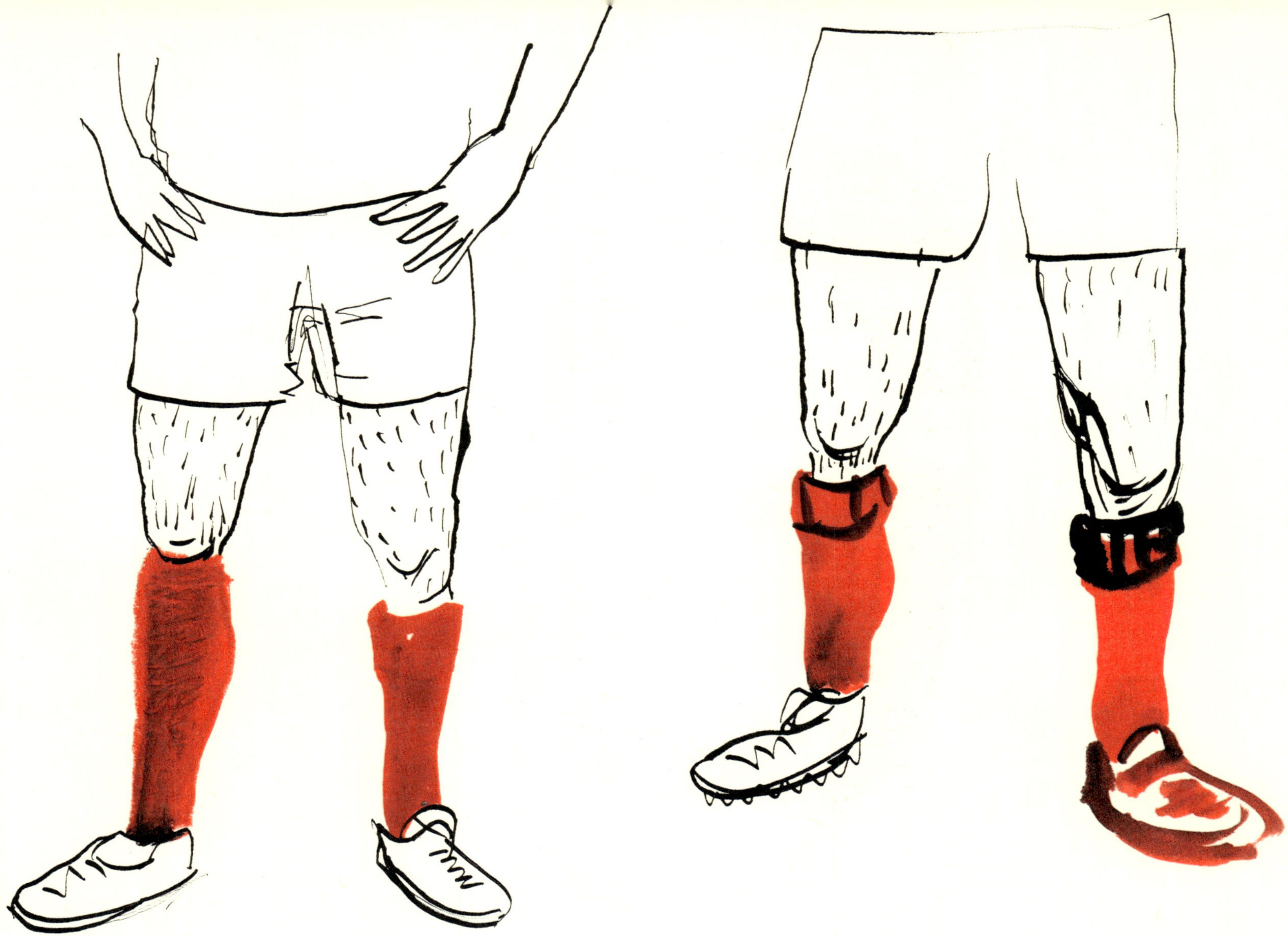

Remonter ses chaussettes jusqu'aux genoux

ça protège et réchauffe les mollets

avoir une bonne foulée

15

être souple et agile

échapper aux assauts de l'adversaire

porter haut dans son cœur le ballon ovale

ne pas se laisser impressionner

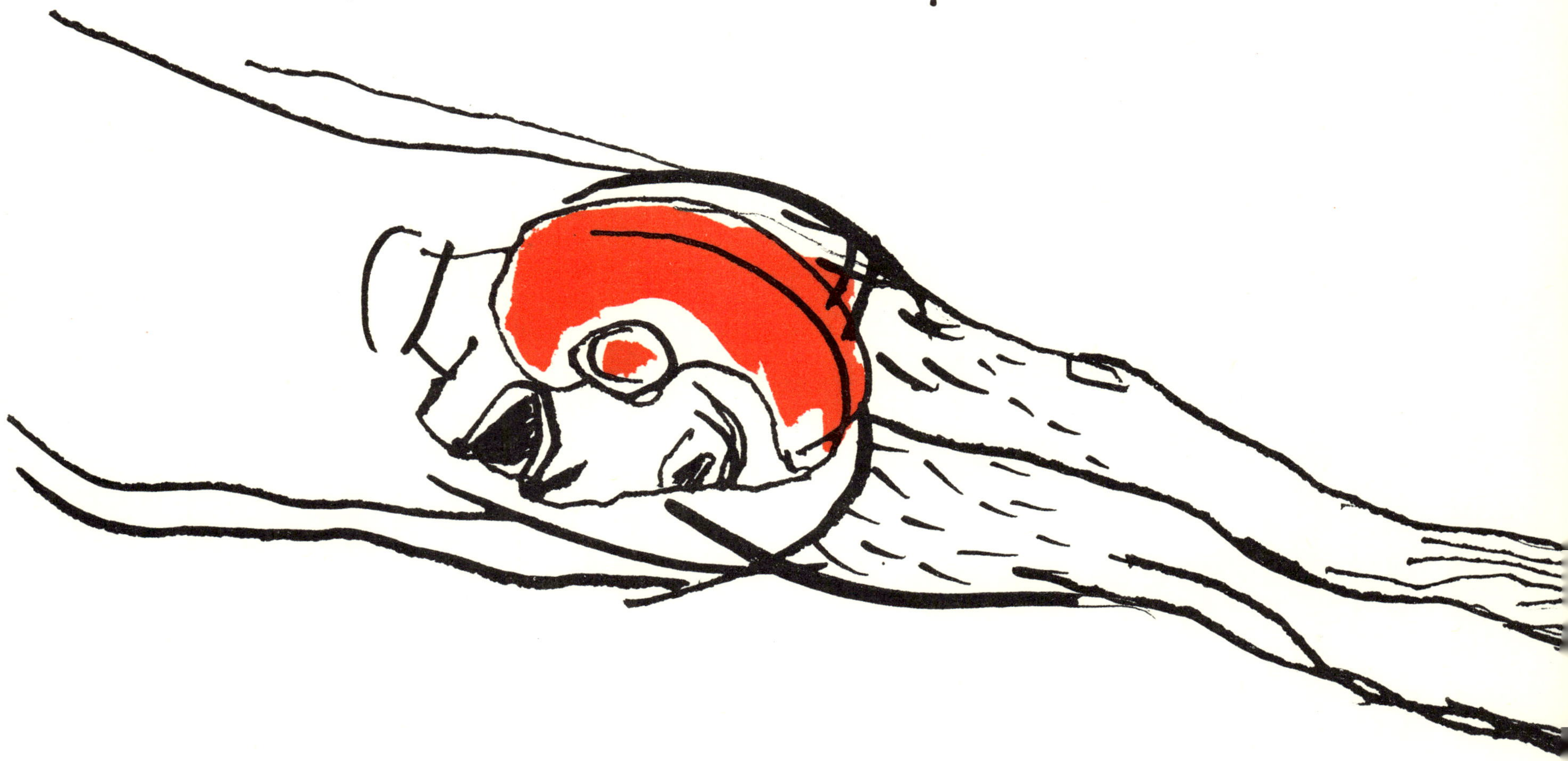

pouvoir reprendre son souffle

savoir enlacer son adversaire le moment venu

aimer les roulades dans l'herbe

sauter très haut, en se faisant aider

avoir un bon coup de pied

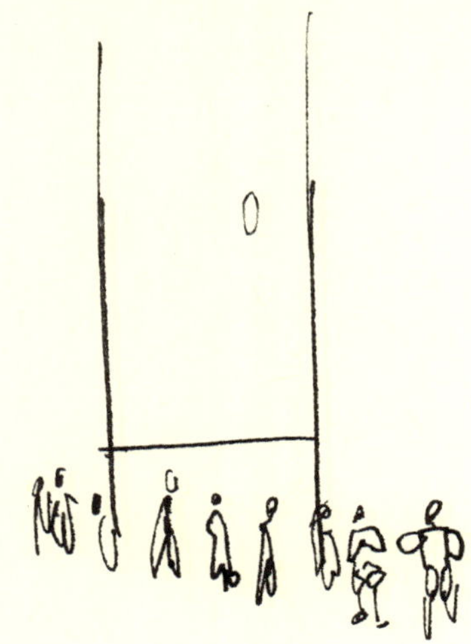

Rester toujours concentré, bien dans le match

ne pas s'emmêler les jambes

se serrer les coudes

pousser très fort autour du ballon

se donner tout entier à son équipe

faire du public son meilleur allié

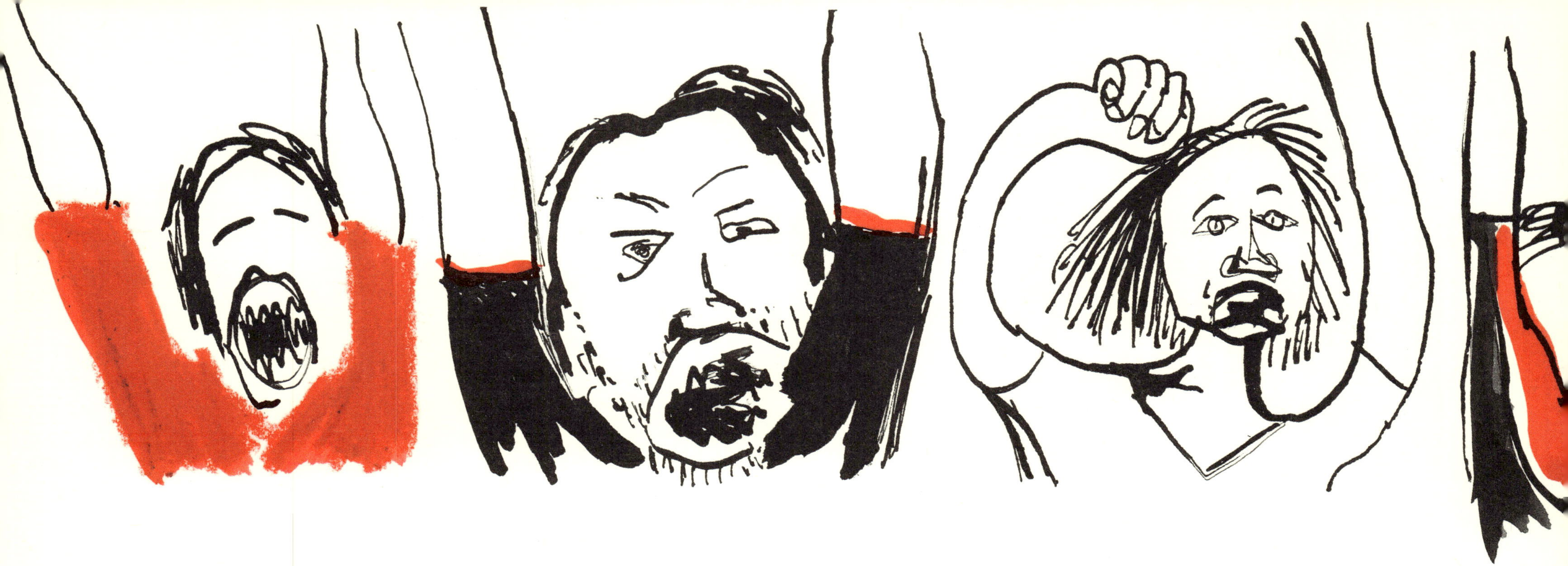

se faire porter par ses cris

partager son euphorie

pour aller aplatir le ballon

derrière la ligne blanche.

*collection
c'est facile

5, Chemin Neuf CH-1207 Genève

Photogravure : Open Graphic
ISBN : 2-88258-372-9
Dépôt légal : septembre 2006
Imprimé en Italie

Textes, illustrations, conception graphique : olivia DECORTE